Anna
Journal d'un cygne

PREMIERS PAS
À L'ÉCOLE DE BALLET

L'auteure et l'éditeur remercient
Éric Lauret, professeur de danse classique
au CREA d'Alfortville, ainsi que la médiathèque
du Centre National de la Danse,
pour leur relecture et leurs conseils.

14 bis, rue des Minimes, 75003 Paris
www.playbac.fr

Sandrine Beau
Illustrations de Cati Baur

Anna
Journal d'un cygne

PREMIERS PAS
À L'ÉCOLE DE BALLET

playBac

À toutes les jeunes danseuses que je rencontre dans leurs classes et qui attendent impatiemment cette histoire !

Et à Annette Boisnard, en souvenir de la petite fille en tutu devant le portrait de son idole.

S. B.

Pour ma forte, tendre, drôle, étonnante,
brillante, délicieuse Olympe,

C. B.

ANNA

GALINA
Amie d'Anna.

IGOR
Ami d'Anna.

Mme PAVLOVA
Mère d'Anna.

Mme EKATERINA VAZEM
Professeur principal de danse.

M. PAVEL GERDT
Professeur d'improvisation.

M. MARIUS PETIPA
Directeur de l'École Impériale de Ballet.

PÉTRONIA

ELEKTRA

SILVA

TONIA

CHAPITRE 1

Samedi 5 septembre 1891

Cher journal,

J'ai pris la décision de te raconter ma vie parce qu'elle va prendre un tournant incroyable et complètement fou.

Commençons par le commencement : je m'appelle Anna Pavlova, j'ai dix ans et, dans deux jours, j'entrerai à la prestigieuse École Impériale de Ballet de Saint-Pétersbourg.

Mais avant de te raconter la fabuleuse journée de l'entrée à l'École Impériale de Ballet, je vais t'expliquer comment j'en suis arrivée là. Tu es prêt, cher journal ? Alors, c'est parti !

J'ai toujours voulu devenir danseuse. Même quand je ne le savais pas encore. Je suis sûre qu'aussitôt après mes premiers pas, je me suis mise à danser !

J'ai d'abord dansé pour lutter contre le froid, pour me réchauffer. Dans notre petite chambre sous les toits, il faisait très souvent glacial. Les hivers sont longs en Russie… Ma mère partait chaque matin à la recherche d'un travail, n'importe lequel pourvu qu'il lui permette de récolter quelques roubles[1], mais elle revenait souvent les mains vides. Le poêle restait éteint, le givre s'installait sur la minuscule fenêtre de notre mansarde, et je dansais pour réchauffer mon corps gelé.

1. Le rouble est la monnaie utilisée en Russie.

Parfois, maman rentrait avec un sac de charbon et c'était la fête ! Elle allumait le poêle quand le jour commençait à baisser, et j'entamais quelques pas de danse improvisés autour d'elle. Ensuite, elle préparait une soupe que nous mangions très chaude, installées tout contre le poêle ronronnant. Puis vite, il fallait aller se coucher avant que les dernières braises ne s'éteignent. Serrée contre ma mère, je l'écoutais alors me chuchoter des histoires de notre pays, pleines de neige, de princes et de princesses qui patinaient sur des lacs gelés, de promenades en traîneau au milieu de sapins devenus blancs... J'essayais de garder les yeux ouverts le plus longtemps possible, pour profiter de la douce lueur rougeoyante des braises qui allaient bientôt finir de se consumer. Je voulais en profiter jusqu'au bout mais chaque soir, je m'endormais très vite, sans même m'en rendre compte.

À cette époque, à part les moments où j'étais assise sur ma chaise à l'école, je dansais du matin au soir. Je bougeais mon corps, lançais mes bras, sautillais dans la petite pièce qui nous servait à la fois de chambre, de cuisine, de salon et de cabinet de toilette. Quand maman était là et avait besoin d'un peu de calme, j'allais danser dans l'escalier. Trois étages de marches que je descendais et remontais en faisant semblant d'être un oiseau, puis une princesse tourmentée, puis un lapin bondissant. Dans cet escalier, j'ai revêtu en rêve mille costumes. J'ai improvisé mille chorégraphies. Je glissais sur une marche, pirouettais sur une autre, m'allongeais sur la rampe, escaladais un étage au ralenti en m'accrochant à un fil doré invisible, courais à toutes jambes... Plus d'une fois, j'ai eu la sensation de m'envoler sur ces marches !

Sais-tu, cher journal, que maman a tous les talents ? Elle sait me préparer une soupe avec une poignée de haricots secs, me coudre des vêtements en reprenant ceux qui sont devenus trop petits, ou encore me soigner avec des herbes qu'elle trouve à l'extérieur de la ville. Nous vivons à l'extrême limite de Saint-Pétersbourg. Au bout de notre quartier s'étend une plaine, bordée par une forêt. « Notre forêt » dit même maman, puisque nous y passons beaucoup de temps. Pour une balade, pour ramasser du petit bois pour le poêle, ou simplement pour observer la beauté de la nature.

L'année de la grande grippe, j'avais huit ans à peine, ma mère me préparait des litres de tisane de sureau et de thym pour essayer de combattre la maladie. Je peinais à avaler ses préparations, tant je grelottais. Ma fièvre était si forte que ma mère a eu très peur de me perdre, cet hiver-là. Dans notre immeuble, trois personnes n'ont jamais guéri. Et c'était pareil dans tout Saint-Pétersbourg : la grippe s'installait et les gens mouraient.

Cette horrible grippe a quand même changé ma vie. Puisque, grâce à elle, des gens du théâtre Mariinsky[2] sont venus

2. Le théâtre Mariinsky est le principal théâtre de Russie, situé à Saint-Pétersbourg.

voir ma mère. Plusieurs costumières étaient très malades et, à l'approche des répétitions pour le prochain ballet, les danseuses et les danseurs attendaient toujours leurs costumes. Ils avaient besoin de quelqu'un sachant manier une aiguille et ils étaient venus jusqu'aux abords de la ville pour trouver ma mère, dont on leur avait parlé. Elle savait coudre, on la disait même talentueuse, et elle avait, cet hiver-là, un autre don, celui de ne pas être tombée malade.

Le jour qui suivit cette visite, un cocher livra chez nous des tissus soyeux, de la dentelle, des plumes, de la gaze vaporeuse, des perles et des bobines de fil de toutes les couleurs. Quand je réussissais à ouvrir les yeux, malgré ma fièvre, je ne me lassais pas de regarder les mains de ma mère serrant et fronçant les tissus brillants, découpant les rubans satinés ou assemblant les perles nacrées. La fièvre, qui ne me quittait pas, me faisait délirer. Je me voyais revêtue d'un tutu de gaze, m'élançant dans mon escalier, au milieu d'un envol de dentelles…

Quelques jours plus tard, le cocher est revenu chercher le travail de ma mère. En échange des premiers costumes de danseurs, il lui a laissé une coquette somme d'argent. Maman a pu faire venir le médecin et, quelques jours après, avec l'aide des médicaments, j'ai enfin réussi à quitter mon lit. La tête me tournait vite, et j'avais toujours du mal à manger, mais à chaque échappée de mes draps, je plongeais mes mains dans les créations de ma mère. Je soulevais les costumes. J'admirais leur beauté. Je caressais du bout des doigts les broderies et les plumes.

– N'abîme rien, Anna, disait doucement ma mère.

Je savais ce que cela voulait dire : « Repose-les, s'il te plaît. » Alors, avant de les ranger, je les plaquais contre mon torse fluet, je fermais les yeux et je m'imaginais grande et forte, revêtue de cette parure magique. J'allongeais un pied, tendais un bras et tourbillonnais sans fin, dans un nuage de tissu vaporeux… Et puis, épuisée alors que je n'avais rien fait d'autre que rêver, je retournais dans mon lit.

Un matin, alors que ma mère cousait déjà près du poêle (qui ronflait maintenant chaque jour dans notre chambrette), le chant d'un oiseau m'a réveillée. J'ai ouvert les yeux et j'ai vu par notre petite fenêtre, enfin débarrassée de sa couche de givre, un coin de ciel bleu.

– Maman, j'ai soupiré en m'étirant, tu entends l'oiseau qui chante ?

Ma mère m'a souri.

– J'entends, Anna.

– C'est le printemps qui revient.

– Oui, Anna. Et le rose sur tes joues, en même temps.

Ma mère a posé son ouvrage, s'est levée et est venue vers moi.

– Je crois que cette fois, mon petit faon est tiré d'affaire.

Elle a posé sa main fraîche sur mon front.

– La fièvre est partie. Nous allons fêter ça comme il se doit !

Le jour de l'oiseau, ma mère n'a pas cousu. Elle m'a habillée chaudement et m'a emmenée dehors. Il fallait, m'a-t-elle dit, que je respire ce bon air de printemps, qui allait m'aider à reprendre plus vite des couleurs.

Elle a donné une pièce à un paysan qui passait avec sa charrette. Nous nous sommes installées sur les planches en bois de la carriole et le cheval s'est mis en route. Nous avons fait une grande promenade le long de la forêt. Dans le soleil, la neige scintillait comme si elle était recouverte de milliers de paillettes. L'air était doux, les arbres commençaient à se recouvrir de bourgeons. Partout les oiseaux chantaient, et nous avons même vu une biche s'enfuir devant nous. Ma mère voulait tout me montrer : un arbre tordu qui ressemblait à un sorcier, les traces de pas laissées par un renard dans la neige, la lune qu'on apercevait encore un peu dans un coin du ciel… De sa bouche s'échappait une petite fumée et ses yeux brillaient de joie. Je ne l'ai jamais trouvée aussi belle.

Après la balade, maman m'a préparé mon dessert préféré : une *smokva.* Une pomme cuite et confite dans du miel, si délicieuse que ma grand-mère la préparait déjà à ma mère quand elle était petite. Elle lui tendait son dessert en lui disant : « Mange la pomme séchée du paradis ! »

Ensuite, maman a réchauffé le lit avec une brique, qu'elle avait déposée sur les braises du poêle, pour que nous nous glissions dans des draps tièdes. Puis elle

m'a raconté l'histoire de la célèbre ballerine russe. Mon histoire préférée. Celle que nous avions inventée ensemble : une jeune fille pauvre, à force de travail, devient une danseuse adulée dans le monde entier. Ce soir-là, je me suis endormie en rêvant, pendant que ma mère me glissait à l'oreille : « Et demain, mon petit faon, tu auras une belle surprise ! »

Toi aussi, cher journal, je te dis à demain pour la surprise de maman ! Patience…

CHAPITRE 2

Dimanche 6 septembre 1891

Salut, cher journal !

Prêt pour la suite de mes aventures ? Je te raconte la surprise de maman ?

Voici comment ça s'est passé.

En fin d'après-midi, maman m'a dit de mettre ma jolie robe et mon gros manteau. Nous sommes descendues dans la rue et nous avons commencé à marcher en direction du centre de Saint-Pétersbourg.

Tous les dix pas, je pressais maman de questions : où allions-nous ? pourquoi avais-je dû mettre ma robe ?

Maman souriait avec un air mystérieux sans rien dire.

Soudain, elle s'est arrêtée devant un grand bâtiment blanc. Une colonne d'hommes cintrés dans de longs manteaux à col de fourrure et de femmes avec de grands chapeaux avançait en direction de l'entrée du bâtiment.

– C'est ici ? ai-je demandé.

– Oui, a répondu ma mère en plissant ses yeux malicieux.

– Où sommes-nous ? ai-je voulu savoir.

– Au théâtre Mariinsky. Et tu vas assister à ton premier ballet !

Pour la première fois de ma vie, je n'ai pas sautillé dans tous les sens en apprenant la nouvelle. C'était tellement inespéré que mon corps tout entier s'est figé.

Heureusement, maman m'a poussée doucement vers les portes du théâtre. C'est seulement une fois arrivée sur les grandes dalles blanches et grises du sol que la parole m'est revenue.

– Mais comment as-tu fait ?

– C'est un cadeau du théâtre Mariinsky pour me remercier de mon travail.

J'ai bondi au cou de ma mère en la couvrant de baisers.

– Merci, merci, merci maman !

Elle s'est mise à rire.

– Arrête de m'étouffer, petit faon ! Et regarde plutôt derrière toi.

J'ai lâché ma mère, je me suis retournée et je me suis trouvée face à un escalier majestueux. Je n'avais jamais vu autant de marches. Elles étaient d'un blanc si éclatant qu'elles semblaient briller de mille feux sous la lumière des lustres. En haut des marches, six colonnes d'un gris profond soutenaient un plafond ouvragé et recouvert d'une multitude de dorures.

Je n'avais jamais rien vu d'aussi beau.

J'ai posé un pied timide sur la première marche et nous sommes montées jusqu'à notre balcon. Deux places étaient réservées pour nous, sur des fauteuils de velours bleu. Nous étions à droite de la scène, avec une vue plongeante sur le grand rideau magnifiquement décoré qui la cachait encore aux regards.

J'essayais déjà de retenir chaque détail pour m'en souvenir toujours.

Comme je n'étais jamais allée au théâtre, j'ai repris mes questions :

– Qu'allons-nous voir ?

– Une histoire que tu connais bien, petit faon : celle d'une princesse qui se pique le doigt et plonge dans un sommeil sans fin.

Pendant que le noir se faisait et que le grand rideau de la scène s'ouvrait, j'ai chuchoté avec délice :

– *La Belle au bois dormant*...

La musique s'est élevée. J'ai remarqué seulement à ce moment l'orchestre installé dans la fosse, devant la scène. Dès les premières notes, un frisson m'a parcourue. J'ai été immédiatement transportée par la musique.

Puis la scène s'est illuminée, révélant la salle dorée d'un merveilleux palais.

Je crois qu'à ce moment-là, je n'ai pas pu retenir un cri de ravissement.

Le ballet est passé à toute vitesse. Je m'émerveillais à chaque nouvelle scène. La chute de la princesse Aurore, endormie pour toujours, l'arrivée de la méchante fée Carabosse dans un carrosse tiré par des petits rats, le réveil de la princesse, tendrement enlacée par le prince Désiré, et la nuée finale de jeunes filles et garçons qui s'était mise à tournoyer avec une grâce inouïe sur un air de valse.

Lorsque nous nous sommes retrouvées dans les rues sombres de Saint-Pétersbourg, après le spectacle, ma mère a voulu savoir si ma surprise m'avait plu.

– Maman, lui ai-je répondu, c'est le plus beau cadeau que tu pouvais me faire !

J'ai glissé ma main dans la sienne et

je lui ai annoncé :

– Moi aussi, un jour, je serai une princesse sur la scène du théâtre Mariinsky.

Maman m'a souri tendrement, en caressant mes cheveux.

– C'est bien d'avoir de grands rêves, mon petit faon, mais tu es encore une toute petite fille. Et je ne suis pas sûre que tu sois un jour assez robuste pour devenir ballerine.

Maman ne le savait pas encore, mais moi, j'en étais absolument certaine : cette soirée au théâtre Mariinsky avait changé le cours de ma vie. J'allais danser ! Et je danserais avec la grâce et la légèreté d'un papillon.

Le lendemain, j'ai réclamé à ma mère de me trouver un professeur de danse.

Deux semaines plus tard, je débutais les leçons avec Madame Elena Korsakov. Cette ancienne danseuse du Mariinsky avait accepté de me prendre en cours malgré mon corps frêle parce que, je cite, il se dégageait un « je-ne-sais-quoi » quand je m'élançais sur son parquet doré. En échange de l'apprentissage qu'elle me dispenserait, ma mère lui confectionnerait gratuitement une tenue chaque mois.

Comme j'étais consciente du sacrifice que ces cours représentaient pour maman, je travaillais sans relâche. Après plus d'un an, mon obstination et mon travail ont payé. Un soir, Mme Elena Korsakov a dit à ma mère :

– Je pense qu'Anna est prête pour préparer l'examen d'entrée à l'École

Impériale de Ballet.

– Je ne sais pas, a répondu maman. C'est un métier difficile et il y a peu d'élus…

– Comme vous voudrez, mais ce serait vraiment dommage. Votre fille a des atouts pour devenir ballerine.

Le soir même, j'ai supplié maman. Je l'ai suppliée tant et tant que, la semaine suivante, elle annonçait à mon professeur :

– C'est d'accord, vous pouvez préparer Anna pour l'examen d'entrée.

À partir de ce jour-là, Mme Elena Korsakov ne m'a plus lâchée. « Anna, arrondis la courbe de ton bras ! Jusqu'au bout des doigts ! », « Anna, ta tête ! Redresse le menton ! », « Anna ! Tu n'es plus en rythme ! Suis la musique ! »

Plusieurs fois, j'ai eu envie de crier « Stop ! ». Plusieurs fois, j'ai pleuré sur le chemin du retour, craignant que le niveau qu'on me demandait soit trop élevé pour moi. Plusieurs fois, j'ai eu envie d'abandonner.

Et puis, au début de l'été, le jour de l'examen est arrivé. Bien trop vite. J'étais sûre de ne pas avoir le niveau.

CHAPITRE 3

Dimanche 6 septembre 1891, un peu plus tard

Cher journal,

J'ai dû faire une pause pour aider maman à vérifier que j'avais tout ce qu'il fallait, dans le sac que nous avons préparé pour ma première semaine à l'école de ballet. Mais ça y est, me revoilà !

J'en étais à mon examen d'entrée, tu te rappelles ?

J'avais eu des frissons d'excitation quand mon professeur avait annoncé à ma mère que je pouvais me présenter à l'École Impériale de Ballet. Le jour de l'examen, je frissonnais encore, mais de peur, cette fois. Dans le couloir du théâtre Mariinsky où nous attendions, je regardais les autres filles, venues elles aussi tenter leur chance. Elles étaient toutes plus grandes que moi. J'avais l'air d'être leur petite sœur malade, avec mes bras si minces et ma peau tellement pâle. J'ai commencé à regretter d'être là. Mais impossible de quitter les lieux discrètement et puis, j'imaginais déjà les hurlements de Mme Elena Korsakov, quand elle apprendrait que j'avais renoncé à me présenter.

Mon professeur m'avait fait préparer un extrait adapté de *La Belle au bois dormant*. Je m'étais tellement rêvée ballerine à la place de la danseuse qui m'avait subjuguée lors de ma soirée au théâtre

Mariinsky, que la chorégraphie était restée gravée dans ma mémoire.

Quand mon nom a été appelé, je me suis avancée sur la grande scène en tremblant. J'avais les jambes molles et la gorge sèche. J'ai fermé les yeux pour me donner du courage, en attendant que l'orchestre démarre. Quand je les ai rouverts, j'étais prête. La musique de Tchaïkovski s'est élevée dans le théâtre. J'ai fait un premier pas, en m'imaginant papillon qui sort enfin de sa chrysalide, et le reste a suivi, comme si tout était imprimé dans mon corps. J'ai même réussi à oublier le jury installé au fond des fauteuils du premier rang.

J'ai dansé comme si mon corps ne m'appartenait plus et m'échappait soudain, emporté par la beauté de la musique.

Une fois le silence revenu, j'ai salué et j'ai attendu dans le couloir qu'on me rappelle.

Quand mon nom a résonné, je suis retournée sur la scène, face au jury.

– Mademoiselle Pavlova, m'a dit un des hommes qui m'avaient regardée danser, vous êtes chétive. Vos jambes sont trop longues, vos pieds trop cambrés et vos chevilles trop délicates.

Il avait raison, je n'avais rien à voir avec les danseuses robustes et bien en chair que l'on venait admirer dans les ballets.

J'ai commencé à me ratatiner sur cette grande scène vide.

– Nous avons longuement débattu, mademoiselle Pavlova, a repris l'homme à grandes moustaches. Nous pensons que votre aspect physique ne vous destine pas à être première étoile.

J'ai cru que j'allais m'évanouir de honte, en même temps qu'une colère sourde montait en moi. Pourquoi voyaient-ils seulement mon corps et non pas ma passion de la danse ? N'avais-je donc pas su transmettre les émotions qui m'agitaient, pendant que j'étais la Belle au bois dormant ?

L'homme a continué :

– Cependant, nous sommes plusieurs, ici, à penser que vous avez un « petit quelque chose » de vraiment intéressant.

Les larmes qui gonflaient mes paupières sont restées suspendues au bord de mes cils.

– Vous allez donc avoir l'honneur d'intégrer l'École Impériale de Ballet.

Si le moment n'avait pas été aussi solennel, j'aurais sauté de la scène pour aller embrasser cet homme austère et froid qui venait de m'annoncer que, ça y est, j'allais devenir ballerine !

– Une dernière recommandation et vous pourrez partir, a conclu l'homme. Vous n'avez pas le physique d'une ballerine. Par conséquent, il vous faudra redoubler d'efforts au milieu de camarades plus musclées que vous.

– Le travail ne me fait pas peur. Merci, monsieur.

J'ai fait une révérence et je suis sortie de scène.

Ensuite, j'ai dansé pendant tout le trajet qui me ramenait chez moi.

Ensuite, ma mère a pleuré de joie en

apprenant que j'avais réussi.

Ensuite, nous avons commencé à rêver, en imaginant cette nouvelle vie qui s'offrait à moi.

Et maintenant, voilà que ma vie de ballerine débute demain matin !

Je te laisse, cher journal. Il faut que je dorme pour être en pleine forme. Même si j'ai l'impression que mes jambes vont m'en empêcher. Je les connais, elles vont vouloir danser toute la nuit dans les draps, tellement elles sont impatientes de commencer les cours à l'École Impériale de Ballet de Saint-Pétersbourg !

CHAPITRE 4

Lundi 7 septembre 1891, 7 heures

Cher journal,

Ça y est, c'est le grand jour !

Je t'écris juste un petit mot pour te dire que je quitte la maison avec mon sac et, dedans, ma tunique de danseuse. Maman l'a cousue spécialement pour moi, avec des chutes de tissu qu'elle avait précieusement conservées.

Quelle adorable mère ! La semaine va être longue sans la voir. Mais je suis tellement impatiente et tellement heureuse de vivre enfin mon rêve que ça va aller.

Je te laisse : maman m'appelle. C'est l'heure de partir !

CHAPITRE 5

Lundi 7 septembre 1891, 9 heures du soir

Cher journal,

Quelle folie, cette première journée à l'école de danse !

J'ai tellement de choses à te raconter !

Alors, je vais commencer dans l'ordre, en essayant de ne pas m'endormir avant d'avoir fini…

D'abord, maman m'a laissée à quelques mètres du théâtre Mariinsky en me souhaitant bonne chance. Elle m'a serrée fort dans ses bras et m'a chuchoté, avec une voix un peu étranglée : « À vendredi soir ! », avant de tourner les talons à toute vitesse.

Pauvre petite maman ! C'est la première fois que nous sommes séparées. Même si elle est heureuse que j'aie la chance d'accéder à cet enseignement exceptionnel, c'est un peu dur. Le lit va lui paraître bien grand ce soir…

Je l'ai regardée devenir toute petite, en me retenant de lui courir après pour un dernier baiser, puis j'ai posé les yeux sur le bâtiment blanc. La joie à l'idée de ce qui m'attendait à l'intérieur a pris le dessus sur ma tristesse de voir s'éloigner maman. J'ai franchi la grande porte le cœur battant.

À l'intérieur, des jeunes filles et garçons de mon âge attendaient avec leurs sacs à leurs pieds. Il y avait aussi des élèves plus âgés. On les reconnaissait facilement : ceux-là parlaient entre eux, se saluaient en criant de joie et ne montraient aucun signe d'inquiétude ou de timidité. On sentait qu'ils étaient déjà chez eux et débordaient de bonheur de revenir dans ces murs pour une nouvelle année de danse.

En regardant tous ces visages, je me demandais avec qui j'allais devenir amie. Peut-être avec celle à la longue tresse et des taches de rousseur ? Ou la jolie blonde aux grands iris bleus ?

Mon regard s'est soudain figé. Derrière le groupe des danseuses et des danseurs, je venais d'apercevoir le grand escalier. Celui qui, deux ans auparavant, m'avait éblouie quand j'étais entrée pour la première fois ici. Les marches étaient toujours d'un blanc éclatant. Comme la première fois, elles semblaient s'envoler dans les hauteurs. Mes yeux ont suivi leur montée, jusqu'aux six colonnes grises. C'est ici que tout avait commencé. J'ai senti les petits poils sur mes bras qui se dressaient d'émotion.

À cet instant, une voix forte a retenti, m'arrachant à mes rêveries.

– Mesdemoiselles et messieurs ! S'il vous plaît !

Le silence s'est immédiatement fait et toutes les têtes se sont tournées en direction d'une femme blonde, au chignon parfaitement exécuté. Elle portait une veste noire qui enserrait parfaitement sa taille fine, par-dessus sa longue robe.

– Les premières années restent ici. Les autres rejoignent leurs chambres. Début des cours dans vingt minutes.

On a vu partir tous les élèves qui discutaient joyeusement quelques minutes auparavant. N'est plus resté qu'un groupe un peu intimidé, face à la femme blonde.

Elle a continué :

– Mesdemoiselles et messieurs, bienvenue à l'École Impériale de Ballet de Saint-Pétersbourg ! Vous êtes quarante à avoir été sélectionnés pour suivre les cours des meilleurs professeurs de Russie. Vingt filles et vingt garçons. Vous allez apprendre les bases de la danse de ballet pendant une année. Je vous invite à donner le meilleur de vous-même à chaque instant, puisque seuls trente d'entre vous, les plus prometteurs, les plus doués, pourront poursuivre leur enseignement en deuxième année. Vous serez jugés lors des examens qui ponctueront cette année, bien évidemment, mais également à chaque cours. On vous demande donc de ne jamais relâcher vos efforts.

Personne ne disait rien, parmi notre petite troupe. Et j'imaginais que chacun d'entre nous, comme moi, ressentait à cet instant précis un trac énorme.

– Avant de prendre votre premier cours de danse, vous allez suivre Agrippina, pour les filles, et Vladimir, pour les garçons. Ils sont élèves de cinquième année et vont vous montrer vos dortoirs. Vous avez vingt minutes pour poser vos affaires, enfiler votre tenue et rejoindre votre salle de danse. Ne perdez pas de temps !

Toutes les filles se sont rangées près d'Agrippina, et la jeune fille nous a précédées dans l'aile gauche du bâtiment.

– Voici votre côté, nous a-t-elle expliqué. Les garçons sont dans l'aile droite.

Elle a poussé une porte, qui s'ouvrait sur un long couloir.

– Votre dortoir. Choisissez un lit et installez-vous rapidement, je vous attends pour vous emmener à votre premier cours.

Plusieurs filles se sont bousculées pour prendre les premiers couchages. Je regardais les groupes se former, sans arriver à avancer plus loin. Ça allait tellement vite. Il y avait tant de choses à intégrer en si peu de temps !

Une fille, aux cheveux coiffés en macarons, m'a souri.

– On prend ceux du fond ?

J'ai senti une onde de chaleur en découvrant ses yeux francs et rieurs, et je l'ai suivie jusqu'au bout du dortoir.

– Tu veux quel lit ? m'a-t-elle demandé devant les deux derniers inoccupés.

– Ça m'est égal. Choisis.

– Alors, je prends celui-là ! elle a décrété en se jetant sur le lit à droite de la fenêtre.

J'ai posé mon sac sur celui de gauche et je l'ai ouvert pour en sortir la tunique cousue par maman.

Une fois habillée, ma colocataire m'a tendu la main :

– Galina !

– Anna !

– C'est le plus beau jour de ma vie ! elle a dit, en faisant un saut de chat.

– Moi aussi ! j'ai répondu, en esquissant un rond de jambe.

– Alors ne traînons pas, pour faire tout de suite bonne impression, a ajouté Galina. On se racontera tout le reste plus tard !

J'ai suivi Galina dans le couloir, en me disant que cette petite brunette à macarons était la première bonne surprise de cette extraordinaire journée !

Je te raconterai le reste plus tard, cher journal. Mes yeux se ferment tout seuls et la respiration régulière de Galina, qui s'est endormie juste en face de moi, ne m'aide pas à rester concentrée…

À demain !

CHAPITRE 6

Mardi 8 septembre 1891, au petit déjeuner

Cher journal,

Je profite d'un petit peu de temps entre deux tartines pour te raconter la suite de ma première journée dans ma nouvelle école.

Quand toutes les filles ont été prêtes, Agrippina nous a expliqué que notre dortoir était surveillé la nuit par deux gardiennes, Vera et Dona. Elle nous a ensuite montré, tout au bout de la rangée de lits et donc, à côté du mien et de celui de Galina, la salle de toilette avec la rangée de lavabos (quel confort !). Puis nous avons visité le réfectoire où nous prendrons nos repas, les salles de cours de l'après-midi pour travailler le russe, les mathématiques, la géographie et l'histoire. Enfin, elle nous a réunies au pied du grand escalier.

– Les salles de danse se trouvent au dernier étage du théâtre. Au-dessus de la scène. On y accède par cet escalier, suivez-moi !

Une fois en haut, nous nous sommes retrouvées dans un autre long couloir. À droite, une rangée de fenêtres par où la douce lumière de septembre entrait. À gauche, une succession de portes.

Agrippina a continué son rôle de guide :

– Les salles de danse sont ici. Vous aurez un planning pour savoir où vous devez aller chaque matin de la semaine. Ne soyez pas en retard, vos professeurs ne le toléreraient pas. N'entrez jamais dans une salle si de la musique en provient. Et n'oubliez pas de faire une révérence chaque fois que vous êtes en présence d'un professeur. Pour le saluer, en arrivant et également en partant. Ce sont les règles de politesse de l'École Impériale de Ballet de Saint-Pétersbourg.

Depuis le début de la tirade d'Agrippina, des petits frémissements montaient de notre groupe de filles. J'ai entendu :

– N'importe quoi ! Ils ne veulent pas qu'on leur lèche les pieds, aussi ?

Une phrase chuchotée, suivie d'un ricanement. Je me suis retournée et j'ai vu la jolie blonde aux yeux bleus, que j'avais remarquée en arrivant, sourire fièrement de son petit effet. Deux autres filles à côté d'elle la regardaient avec admiration.

À l'entrée du couloir, les garçons sont arrivés, précédés de Vladimir.

– Ce matin, a dit l'élève de cinquième année, vous allez commencer par un cours collectif. Vous verrez, la première matinée est assez calme. C'est ensuite que ça se gâte !

– Vous attendez ici qu'on vous appelle, a ajouté Agrippina. Bonne chance !

Ils sont partis tous les deux et ont rejoint d'autres danseurs du même âge, en direction des salles de cours.

J'ai cherché Galina des yeux. Nous étions séparées par quelques mètres et plusieurs danseurs. Elle m'a fait un petit coucou de la main. Entre elle et moi, un garçon m'a également fait un signe, avant de comprendre que ce n'était pas lui que je saluais. Il a éclaté de rire et s'est frayé un passage entre les élèves.

– Bon, puisque je viens de me ridiculiser, autant me présenter.

Il m'a tendu la main :

– Igor.

J'ai avancé la mienne :

– Anna !

– Enchanté, Anna ! Tu salues tes amies avec beaucoup de grâce. Quelle élégance dans le poignet ! Tu dois danser merveilleusement !

J'ai éclaté de rire à mon tour.

– J'espère que mes professeurs seront aussi enthousiastes que toi, Igor !

– J'espère aussi ! Car je compte bien arriver en deuxième année avec des danseurs et des danseuses sympathiques !

Et il m'a fait un clin d'œil.

Une porte s'est ouverte au même instant.

– Jeunes filles et jeunes hommes, par ici, je vous prie !

Nous connaissions déjà cette voix. C'était celle de la femme au chignon dont pas un cheveu ne dépassait.

– Asseyez-vous, nous a-t-elle ordonné. Je suis Ekaterina Vazem, votre professeur principal de danse. C'est avec moi que vous aurez le plus de cours. Je compte sur vous pour ne pas me décevoir.

Après cette dernière phrase qui nous a fait l'effet d'un glaçon, elle nous a fixés, l'un après l'autre, les yeux dans les yeux et sans rien dire. On aurait entendu une mouche voler.

– Maintenant que les choses sont claires, je vous prie de rejoindre la barre.

J'ai posé ma main sur le bois lisse, imaginant toutes les petites mains qui s'y étaient accrochées avant la mienne. Les premiers accords de piano se sont élevés dans la salle pendant que notre professeur nous montrait les mouvements à accomplir.

– Demi-plié, tendu, grand plié… tendu, battement tendu, rond de jambe en dehors pour finir en arabesque… et retour en première position.

Sa voix résonnait par-dessus la musique de l'instrument.

– Nous allons aujourd'hui travailler sur la première position. Maîtriser parfaitement cette position vous permettra d'acquérir une posture correcte. Le travail de la première permet de corriger plus aisément les défauts tels que genoux pliés, cambrure, pieds qui roulent. Étalez vos orteils au sol, vous pourrez sentir votre position plus facilement.

Une fois que tout le monde a bien eu en tête l'enchaînement qu'elle nous demandait, Mme Ekaterina Vazem a lâché la barre et s'est arrêtée devant chacun de nous, faisant pivoter une cheville, tendant un genou, redressant un menton, arrondissant un bras...

Elle est restée devant moi un moment sans rien dire. Je m'appliquais à me tenir droite, regard fixé au loin, reproduisant tout ce qu'elle venait de corriger chez mes camarades.

Enfin, elle s'est dirigée vers une autre danseuse, et un sentiment de fierté m'a envahie. J'étais plus petite que les autres, certes, mais j'allais m'appliquer à toutes les dépasser pour que mes professeurs ne voient plus que ma grâce et oublient mes jambes « trop longues », mes pieds « trop cambrés » et mes chevilles « trop délicates ».

CHAPITRE 7

Mardi 8 septembre 1891, tard le soir

Cher journal,

Je ne sais pas comment je vais pouvoir continuer à te raconter ma vie à l'école de danse. Mes journées sont si pleines et j'ai tant de choses à faire, tant de mouvements et de positions à répéter et à travailler, que je ne suis pas sûre d'avoir assez de temps pour toi…

Voici comment se passe une journée à l'école de ballet.

Cours de danse, de neuf heures le matin jusqu'à une heure de l'après-midi.

Déjeuner avec Galina et Igor, que ma copine a adopté tout de suite.

À deux heures, reprise des cours, mais devant un bureau et un tableau noir, cette fois. Pour apprendre ce qui fera de nous, je cite, « des danseurs éduqués et cultivés ».

À six heures, répétitions et travail personnel.

À sept heures, dîner.

À huit heures, temps libre (pendant lequel, généralement, nous travaillons encore nos positions).

À huit heures et demie, extinction des feux, tout le monde dort !

Hier soir, avec Vera (la gardienne du dortoir, je te rappelle, si tu as oublié !), l'ambiance était assez détendue. On a pu continuer à parler encore un peu avec Galina. Mais la nuit prochaine, c'est Dona qui va prendre le relais, et certaines filles ont déjà entendu dire, par des danseuses de troisième année, que c'est une vraie peau de vache. Après l'extinction des feux, avec elle, il n'est plus question de dire un mot. Même chuchoter déclenche une punition. Et comme personne n'a envie d'être privé de son premier week-end à la maison, tout le monde se tiendra à carreau, je pense !

Le déjeuner, c'est le moment où on apprend plein de choses sur l'école et sur nos professeurs. Ce midi, nous échangions à propos de notre premier cours du matin, quand une élève de quatrième année est intervenue dans notre conversation. Elle voulait nous rassurer. Selon elle, nous avons beaucoup de chance d'avoir des cours avec Ekaterina Vazem. C'est un professeur sévère, mais juste. Et il paraît qu'elle obtient toujours le meilleur de ses élèves. Son discours m'a rassurée. Et quand ce sera difficile, je me consolerai en me répétant que je suis entre de bonnes mains…

Demain, nous allons découvrir un autre professeur et, cette fois, filles et garçons, nous serons séparés. Nous retrouverons Igor le midi seulement. J'ai déjà hâte de travailler avec ce nouvel enseignant dont on a entendu dire le plus grand bien. Mais en même temps, je suis un peu inquiète. Est-ce que ça va bien se passer ? Est-ce que je serai à la hauteur ? Ne sera-t-il pas trop dur ? Va-t-il m'accepter, moi qui ne suis pas tout à fait une élève comme les autres, avec mes longues jambes et mes chevilles fragiles ?

Tu vois, cher journal, je me couche la tête pleine de questions…

Allez, oublions tout cela, pour que mon corps se repose comme il faut et soit prêt à affronter une nouvelle journée de danse demain !

CHAPITRE 8

Mercredi 9 septembre 1891

Cher journal,

Je suis tellement heureuse ! Ça fait maintenant trois jours que je suis arrivée à l'École Impériale de Ballet de Saint-Pétersbourg, et je n'en reviens toujours pas d'avoir la chance de passer mes journées à danser. Trois petits jours qui me semblent pourtant durer depuis toujours, tant cette vie est celle qui est faite pour moi !

Et quand je dis « passer mes journées à danser », ce n'est pas une expression.

Nous dansons tous les matins, avec nos professeurs, mais également entre chaque cours. D'ailleurs, le couloir du deuxième étage du Mariinsky ne ressemble à aucun autre couloir dans le monde, j'en suis sûre ! Ici, il y a toujours plusieurs danseurs et danseuses qui répètent un mouvement, qui étirent un grand écart sur le sol et même sur les murs. L'ambiance est à la fois studieuse et rieuse, et je me sens, dans cet endroit, comme un poisson qui découvre enfin la rivière de ses rêves !

Depuis mon arrivée, je n'ai plus envie de marcher et, parfois, je me rends compte que je sautille ou que je dessine un port de bras sans même en être consciente.

J'ai vraiment de la chance (encore une fois !) d'avoir mon lit à côté de celui de Galina. Ma voisine est comme moi : sur un petit nuage depuis qu'elle a fait son entrée à l'École Impériale de Ballet. Ce matin, il s'est passé quelque chose d'assez drôle. Nous venions de finir de nous habiller et nous allions nous débarbouiller à la salle de toilette. Galina est passée la première et au bout de mon lit, elle m'a fait une révérence. Je l'ai rejointe, pour répondre à sa révérence, d'un pas de chat. Elle est sortie en saut de biche. J'ai exécuté la même figure que la sienne, puis j'ai continué à reproduire sa chorégraphie improvisée. Nous avons dansé ainsi jusqu'aux lavabos. Une fois là, sans rien nous dire, face à face, nous avons dansé comme si nous étions le miroir l'une de l'autre. Petits pas à droite, glissade, petits pas à gauche, tout en nettoyant nos visages à l'eau froide. Quand on a été bien propres, on affichait toutes les deux un grand sourire.

La fille blonde aux yeux bleus, qui s'appelle Pétronia, et ses trois amies, Tonia, Elektra et Silva, nous ont regardées comme si nous étions atteintes de maladie mentale. Mais je m'en moque complètement, parce que je sens qu'avec Galina, on n'a pas fini de s'amuser !

L'autre grand événement de la journée, ça a été mon cours de danse avec mon nouveau professeur. Nous attendions dans le couloir qu'on nous appelle. La porte de la salle s'est ouverte et, les unes derrière les autres, nous sommes entrées. J'ai cru que mon cœur se décrochait dans ma poitrine. Mon nouveau professeur de

danse était là, debout dans un costume noir, une longue canne à la main, posté près du grand miroir. Il n'avait plus son long manteau aux manches recouvertes de blanche hermine, mais je l'ai reconnu tout de suite. Le prince Désiré ! Pavel Gerdt, le danseur qui m'avait bouleversée lors de ma première soirée de ballet, au Mariinsky ! Celui dans les bras de qui j'avais rêvé de nombreuses nuits de danser, revêtue du costume de la princesse Aurore, allait être mon professeur !

Les filles entraient autour de moi, me bousculant légèrement.

– Mademoiselle, m'a demandé le prince Désiré, vous avez l'intention d'assister à mon cours ou vous allez rester plantée devant la porte ?

Sa voix moqueuse m'a sortie de ma stupeur. J'ai bafouillé une réponse inaudible et j'ai rejoint les autres élèves, au centre de la salle.

– Voilà qui est raisonnable, a-t-il dit en me suivant de ses yeux rieurs.

L'heure suivante est passée comme dans un tourbillon !

Exercices au sol, face au miroir, pour commencer.

– Bien en ligne, mesdemoiselles, et suffisamment espacées pour ne pas vous gêner. Nous allons travailler la tenue de votre dos et assouplir vos articulations.

Nous sommes ensuite allées travailler à la barre. Par-dessus les notes du piano, la voix de notre professeur rythmait nos exercices :

– 1-2-3 et 4, 5-6-7 et 8, et 1-2-3 et 4, 5-6-7 et 8…

Régulièrement, il intervenait en s'approchant d'une danseuse et guidait ses mouvements avec sa canne. Ses conseils s'adressaient alors à nous toutes :

– Le buste doit continuer à s'étirer vers le haut pendant cet exercice ! Et le poids du corps doit bien se répartir sur votre jambe d'appui.

À la fin de cette matinée, la porte s'est ouverte et l'homme à moustaches qui m'avait annoncé ma sélection à l'École Impériale de Ballet est entré. Tout le monde a exécuté une révérence et, presque aussitôt, des chuchotements ont parcouru les rangs.

– C'est le directeur !

– Marius Petipa, il vient de France !

– Pourquoi il est là ?

J'avais l'impression que ma tête allait exploser ! C'était donc le directeur de l'école lui-même qui avait trouvé que j'avais un « petit quelque chose » en plus !

Je ne le savais pas encore à ce moment-là, mais je n'étais pas au bout de mes émotions... Notre professeur a tapé vigoureusement le sol avec sa canne pour obtenir le silence.

– Mesdemoiselles, s'il vous plaît !

Une fois le calme revenu, il a poursuivi :

– Je vous présente Marius Petipa, le directeur de l'École Impériale de Ballet de Saint-Pétersbourg. Il a une information importante à vous annoncer !

Cher journal, je te laisse imaginer dans quel état d'excitation nous étions après ces mots !

Toi aussi, peut-être ?

Et pourtant, il va falloir que tu patientes encore un peu. Je tombe de sommeil et je n'ai plus assez de force pour continuer.

CHAPITRE 9

Jeudi 10 septembre 1891

Cher journal,

Je t'ai promis, hier, la GRANDE ANNONCE du directeur !

Voici les mots qu'a prononcés M. Marius Petipa :

– Mesdemoiselles, dans quinze jours, ce sera la Fête de l'automne, célébrée en l'honneur de notre chère impératrice, Maria Feodorovna. À cette occasion, l'école de ballet rend, chaque année à la même date, un hommage à notre bienfaitrice. Toute l'École Impériale de Ballet de Saint-Pétersbourg se présente devant elle à l'occasion d'un somptueux défilé. Vous allez donc travailler assidûment pendant les deux semaines qui viennent, avec vos professeurs, pour préparer ce spectacle. Bien sûr, nous attendons de vous une performance absolument parfaite.

Le directeur a fait un silence pour que ses mots s'inscrivent bien dans nos têtes.

Puis il a repris :

– Je vous laisse donc travailler dès à présent ! Une dernière chose : à la fin de ces deux semaines, l'une de vous aura le privilège d'être choisie pour ouvrir le défilé.

Après cette annonce et pendant qu'il saluait notre professeur, l'excitation est évidemment encore montée d'un cran. Je me suis rapprochée de Galina pour lui dire :

– Une seule danseuse... quel dommage ! Si seulement nous avions pu ouvrir le défilé ensemble !

Pétronia, mademoiselle yeux bleus, était juste derrière moi. Je ne l'avais pas vue, mais elle m'avait entendue. Elle s'est esclaffée et a dit suffisamment fort pour que tout le monde en profite :

– Le vilain petit canard en ouverture du défilé ! Ce serait vraiment la plus abominable idée de cadeau pour notre impératrice !

Plusieurs rires ont résonné dans la salle. Elektra a renchéri :

– Tu as raison ! On ne demande pas à un balai d'ouvrir un spectacle !

C'était comme si on m'avait lancé une pierre dans le ventre. J'avais le souffle coupé, mes yeux se remplissaient de larmes et j'étais incapable de répondre quoi que ce soit.

Heureusement, Galina est intervenue. Sans s'énerver, elle a juste lâché d'un ton plein de mépris :

– Vous êtes ridicules.

La petite cour de Pétronia est d'abord restée sans rien dire. Puis elles ont commencé à parler toutes en même temps. Mais elles n'ont rien eu le temps de dire, puisque notre professeur tapait le sol avec sa canne.

– Mesdemoiselles ! S'il vous plaît !

Sa voix vibrait de colère.

– Vous croyez que c'est ainsi que vous serez prêtes pour l'hommage à notre impératrice ?

Le silence est revenu d'un coup.

– Voilà qui est mieux, a-t-il dit. Chacune reprend sa place, je vous prie.

C'est ce qui est un peu dur, ici. Je vis mon rêve éveillé, le plus merveilleux qui pouvait m'arriver, mais je dois supporter les commentaires désobligeants de certaines élèves. Et tout ça, pour une raison tellement injuste ! Simplement parce que j'ai un corps qui ne ressemble pas à celui des autres danseuses.

Elles sont principalement quatre à m'embêter : Pétronia et sa bande, Silva, Elektra et Tonia.

– Tu as remarqué ? m'a demandé Igor devant notre assiette de bortsch[3] fumant, au réfectoire. C'est inscrit sur elles que ce sont des pestes.

3. Le bortsch est un plat traditionnel russe.

Je l'ai regardé sans comprendre.

– Qu'est-ce que tu veux dire, Igor ?

– Pétronia… Elektra… Silva…Tonia… ça fait les P.E.S.T. !

J'ai éclaté de rire.

– Les Pestes ! Merveilleux ! a applaudi Galina. Ça leur va tellement bien !

Nous avons croisé nos mains au-dessus de la table et j'ai proclamé solennellement :

– Je déclare qu'à partir d'aujourd'hui, ces pestes sont officiellement baptisées de ce surnom qui leur va comme un gant (merci, Igor !) : les PEST !

À la suite de cette conversation, nous avons décidé de les ignorer.

– C'est ce qui sera le plus efficace, m'a promis Galina.

Sur le moment, je me suis sentie gonflée d'une assurance nouvelle. Mais maintenant, dans mon lit, je ne suis plus aussi sûre de moi. Je ne sais pas si j'arriverai à faire comme si rien de ce qu'elles disent n'a d'importance. Parce que chaque fois, même si je fais tout pour ne pas le montrer, leurs mots me blessent cruellement.

CHAPITRE 10

Vendredi 18 septembre 1891

Cher journal,

Voilà une semaine que je t'ai laissé sans nouvelles. Pardon !

Mais ces journées intenses de préparation du défilé de la Fête de l'automne ne me laissent pas beaucoup de temps. Nous avons nos cours habituels avec nos professeurs de danse, auxquels s'ajoutent les répétitions pour le défilé. Il y a également l'essayage des costumes.

D'ailleurs, je suis entrée dans la salle où ils sont entreposés ! Partout où mes yeux se posaient, il y avait des rangées de robes magnifiques, de tutus vaporeux, de chemises au tissu léger, de pantalons satinés. J'ai essayé d'apercevoir les créations de maman, mais il y avait trop de costumes. Impossible de repérer quoi que ce soit !

On nous demande, en plus de tout ça, de travailler également l'improvisation. À nous d'inventer des pas de danse et une chorégraphie, sans être guidées par nos professeurs. Le pianiste joue et une ou plusieurs danseuses sont désignées pour aller au centre de la salle.

Ces cours-là ont lieu en présence de notre directeur. M. Petipa est assis sur une chaise, au fond de la salle, et nous regarde intensément, sans rien dire.

Avant chacun de ces cours, le trac nous envahit. Heureusement, avec Galina, on a trouvé un truc pour ne pas trop en souffrir.

– Danse pour moi ! Juste pour moi ! m'a-t-elle dit. Comme si j'étais la seule à te regarder.

– Et toi, pareil ! ai-je répondu. Faisons comme si nous allions simplement nous débarbouiller dans la salle de toilette !

Et ça marche ! Je regarde Galina et je m'élance sur le parquet, pour elle. C'est la même chose quand c'est moi qui suis assise et elle au centre de la salle : je le sens quand elle danse, elle semble libérée et heureuse. Alors que les autres danseuses, malgré leur talent, paraissent plus appliquées dans leur façon d'enchaîner les pas.

J'aime beaucoup ces moments d'improvisation. Je laisse mon corps prendre les commandes. Je m'abandonne, tout entière, à la musique. J'aime les accélérations du piano ou quand les mains du musicien ont l'air de seulement effleurer ses touches. Je danse comme si j'étais une marionnette reliée par des fils invisibles aux notes qui s'échappent de l'instrument. Soudain fougueuse, ou légère comme une plume qui volette dans le vent…

Pendant le repas, une rumeur a commencé à circuler.

Bien évidemment, elle est arrivée jusqu'à notre table : selon certaines filles, c'est Marius Petipa lui-même qui va choisir la première danseuse.

Celle qui ouvrira le défilé.

Voilà pourquoi le directeur assiste chaque jour, sans rien dire, à nos séances d'improvisation. Il nous observe, nous jauge, nous juge… et prendra sa décision mardi prochain.

Trois jours avant le défilé, nous allons enfin savoir laquelle de nous aura l'honneur de se présenter la première devant l'impératrice ! Et devant nos parents, puisque nous avons appris qu'ils y sont invités.

Je souhaite de tout cœur que ce soit moi. Comme la majorité d'entre nous, évidemment. Mais j'ai en même temps envie que Galina soit choisie. C'est une très bonne danseuse, en plus d'être une formidable amie. Elle le mériterait.

Et puis, a-t-on jamais vu un vilain petit canard au premier rang ?

Non.

Les petites choses disgracieuses sont toujours cachées derrière les belles.

Tant pis. Je me console en me répétant que même au quatrième ou au dernier rang, le défilé sera un des grands moments de cette année de danse.

CHAPITRE 11

Lundi 21 septembre 1891

Cher journal,

Ce deuxième week-end à la maison m'a fait du bien.

Retrouver maman me fait toujours l'effet d'une petite bulle de douceur.

Chez moi, je ne suis pas jugée. Personne ne se moque de mes jambes trop fines, ni de mon torse trop maigre. Ici, on ne corrige pas mes positions, on ne me gronde pas parce que j'ai raté la reprise du piano. On me regarde simplement avec des yeux brillants. Et maman tape joyeusement des mains quand je lui raconte ma semaine de danse.

« Alors ? Que t'ont dit tes professeurs ? Sont-ils contents de toi ? N'as-tu pas mal aux pieds, à force de danser toute la journée ? Tu manges bien au moins ? Les autres élèves sont gentils avec toi, j'espère ? » Maman déborde de questions. Je réponds à toutes. Sauf à la dernière. J'évite habilement de raconter certains détails. Dans notre petite chambre mansardée, les PEST n'existent pas. Et tant mieux : ça me repose de ne pas avoir à les supporter pendant deux journées.

J'aime ces moments passés avec maman, quand notre calme vie d'avant reprend son cours. Mais le dimanche matin déjà, il me tarde de retourner à l'école.

Il me faut pourtant attendre jusqu'au soir, alors je m'occupe en dansant. Je répète les pas qu'on nous a appris pour le défilé. Je m'installe dans l'escalier pour utiliser la rampe comme une barre et travailler ma position. Je ne veux plus qu'on me reproche d'avoir les pieds trop cambrés alors, inlassablement, je refais les mouvements que nous a montrés Mme Ekaterina Vazem.

Parfois, maman s'étonne.

– Anna, enfin, tu n'es pas à l'école ! Repose-toi un peu !

– Tu sais, maman, je lui explique, si je veux être une grande danseuse, je dois travailler chaque jour.

Quand le dimanche soir arrive, nous nous embrassons longuement. Le nez dans son cou, je prends une dernière

bouffée de son délicieux parfum et, mon sac à la main, je pars rejoindre mon école. Tout le long du chemin, je pense à Galina et à Igor. Je suis déjà pressée de les retrouver pour qu'on se raconte nos deux jours dans nos familles.

Aujourd'hui, cher journal, sais-tu que j'ai encore vécu un grand moment ? Les répétitions du défilé ont eu lieu pour la première fois sur la scène du théâtre.

Je me suis retrouvée plongée quelques mois en arrière, le jour de mon examen d'entrée. J'étais à nouveau dans les coulisses. Là précisément où j'avais attendu mon tour en tremblant. Puis sur la grande scène, où je m'étais présentée devant le jury. Mais cette fois, c'était encore plus impressionnant : nous étions ici pour préparer un spectacle. J'allais enfin réaliser un bout de mon rêve : danser devant des spectateurs sur la scène mythique du Mariinsky. Et parmi ces spectateurs, il y aurait deux invitées de choix : l'impératrice, et maman.

Cet après-midi, à l'intérieur du théâtre, l'école tout entière s'agitait. Nous, les danseuses et les danseurs, en train de répéter sur la scène. Plus bas, dans les fauteuils, nos professeurs qui nous donnaient des indications. Dans la fosse, le célèbre chef d'orchestre, Eduard Napravnik, et ses musiciens accordaient leurs instruments. En coulisses, les costumières qui couraient dans tous les sens pour les derniers ajustages. Et même entre les rangées de fauteuils de velours bleu où des femmes, la tête recouverte d'un foulard et balai à la main, s'affairaient pour que le théâtre paraisse, lui aussi, sous son plus beau jour.

J'avais l'impression de voir une petite ruche qui s'activait pour que tout soit parfait pour la fête de notre reine des abeilles à nous, l'impératrice !

Le défilé a lieu à la fin de la semaine et je ne sais pas comment nous allons tenir jusque-là. Lundi soir seulement, et je suis déjà fatiguée. Sans parler du trac qui monte encore d'un cran chaque jour. Demain, il sera à son comble puisque le directeur viendra nous annoncer le nom de celle qui entrera la première sur la scène pour ouvrir le défilé.

Je sais que ce n'est pas raisonnable, mais je ne peux pas m'empêcher d'imaginer M. Marius Petipa prononcer mon nom.

Et je suis sûre que cette nuit, je vais vivre et revivre sans fin cette scène dans mes rêves !

Au moins, ça sera déjà ça…

CHAPITRE 12

Mardi 22 septembre 1891

Cher journal,

Il faut que je te raconte !

Ce matin, comme prévu, M. Marius Petipa est venu assister à notre cours d'improvisation. Il n'avait toujours pas décroché un mot. Ni pendant le passage des autres danseuses. Ni pendant mon improvisation, où j'ai eu l'impression de voler comme si j'étais devenue un papillon aux ailes légères et frémissantes. Il s'est simplement levé à la fin du cours et nous a regardées les unes après les autres.

– Mesdemoiselles, je vous félicite. Depuis plus d'une semaine, vos professeurs sont d'accord avec moi, vous travaillez dur. Avec beaucoup de sérieux et d'application. Continuez comme ça, pour être prêtes pour le défilé !

Il a ensuite marqué une pause.

– Je vous avais dit que je vous annoncerais qui allait ouvrir le défilé de la Fête de l'impératrice… Eh bien, fin du suspense !

Il a ouvert les bras et a prononcé la phrase que nous attendions toutes :

– Cette année, celle qui aura l'honneur de se présenter la première devant l'impératrice sera…

Un frisson nous a parcourues. Je savais que chacune des filles présentes dans la salle scandait son propre nom dans sa tête, comme une prière. Dans le silence, nous avons entendu :

– ... mademoiselle Anna Pavlova !

J'ai senti mes joues s'enflammer pendant que mon cœur explosait en un millier de petites étoiles.

– Félicitations, mademoiselle, m'a dit Marius Petipa en me serrant la main.

Il est sorti de la pièce, pendant que mes amies se pressaient autour de moi.

– Bravo, Anna !

– Quelle chance tu as !

– Je suis fière de toi, m'a glissé Galina.

C'était tellement incroyable que je n'en revenais pas ! Malgré mes défauts physiques, le directeur avait choisi de me faire ouvrir le défilé...

– On aura tout vu ! a grincé une des PEST.

Je n'ai même pas cherché à savoir si c'était Tonia, Silva, Elektra ou Pétronia qui avait parlé. Je voulais que mon bonheur ne soit gâché par rien.

Maintenant, je suis sous mes draps, avec toujours ce sourire qui ne m'a pas quittée de la journée. Parfois, j'ai de brefs moments de panique, quand je pense à la responsabilité que représente cette position de première danseuse… Pourvu que je ne me trompe pas ! Ou pire, que je chute ! Je ne me remettrais jamais d'une honte pareille... Mais je repense au directeur, qui m'a choisie. Je vais tout faire pour être digne de sa confiance.

Dans trois jours, l'école tout entière défilera devant les professeurs, le directeur, nos familles, et devant l'impératrice. Ce soir-là, je serai la première à poser mon chausson sur la scène du théâtre Mariinsky et à faire mon entrée dans mon beau tutu blanc.

J'ai tellement hâte !

Serge de Diaghilev, fondateur des Ballets russes.

Anna Pavlova

Anna Pavlova est née à Saint-Pétersbourg (Russie) en 1881, et morte en 1931 à La Haye (Pays-Bas). Son amour pour la danse se révèle lorsqu'elle voit son premier ballet, *La Belle au bois dormant.* En 1906, Anna devient danseuse étoile au théâtre Mariinsky. Elle rejoint aussi les Ballets russes, aux côtés des meilleurs chorégraphes, compositeurs et décorateurs du début du xxe siècle.
En 1911, elle monte une compagnie avec laquelle elle parcourt le monde, donnant huit à neuf représentations par semaine. Anna danse tout le répertoire classique et romantique, mais n'hésite pas à intégrer des danses folkloriques à ses spectacles. Elle a contribué à rendre le ballet accessible au grand public.

Une danseuse de génie

Anna est gracieuse et expressive, ce qui ne l'empêche pas de travailler avec acharnement pour exécuter chaque mouvement à la perfection. Elle danse avec légèreté, comme si elle ne devait faire aucun effort. Elle impressionne le public et les autres danseurs : Serge Lifar est fasciné par son aisance, et Margot Fonteyn dira d'elle qu'elle était un génie.

elle vole.

Le cygne

Le chorégraphe Michel Fokine crée *La Mort du cygne* spécialement pour Anna Pavlova, sur un mouvement du *Carnaval des animaux* de Camille Saint-Saëns. Ce solo est la performance la plus connue de la ballerine, qui s'est tellement identifiée à ce personnage qu'elle a même eu des cygnes de compagnie. Le soir de la mort d'Anna, l'orchestre du théâtre Mariinsky lui a rendu hommage en jouant *Le Cygne*.

Dans le prochain tome

La fête de l'automne arrive à grands pas, avec ses répétitions intenses et ses essayages de costumes. Je suis morte de trac à l'idée d'ouvrir le défilé ! Mon interprétation va-t-elle plaire à maman et à l'Impératrice ?
Les semaines sont chargées, mais les PEST trouvent quand même le temps de se moquer de moi. Je ne veux pas les laisser m'atteindre ! Avec l'aide de Galina, Igor et Piotr, mon ami d'enfance, je vais me concentrer sur mon travail et tout faire pour réussir les examens du premier trimestre.

Retrouve la suite du journal d'Anna en librairie à partir d'août 2018 !

Sandrine Beau

Avant d'être écrivaine, Sandrine Beau a été réalisatrice, scénariste, animatrice radio, clown et présentatrice météo. Elle pourrait être ballerine, mais pour le moment, on ne sait pas si elle est aussi douée sur des pointes qu'avec un stylo.
Elle écrit des textes d'album, des séries préhistoriques, des nouvelles sur l'amour et des romans policiers pour la jeunesse. Elle aime les sardines, les lunettes à fleurs et vit dans le Doubs.

Cati Baur

Cati Baur est passionnée de littérature pour la jeunesse. Elle scénarise et dessine des bandes dessinées pour les enfants (*Quatre sœurs*, d'après Malika Ferdjoukh) et les adultes (*J'arrête de fumer*, *Vacance*, *Les Autres Gens*), et illustre aujourd'hui des textes d'albums et des romans.
Elle est née en Suisse, vit au bord de la Méditerranée et aime les chaussures improbables.

Ce *Journal* s'inspire des principaux événements de la vie d'Anna Pavlova et de la personnalité exceptionnelle de cette grande ballerine.
Certains détails ont cependant été recréés et adaptés par l'auteure.

ISBN : 978-2-8096-6190-3
Dépôt légal : avril 2018

page 113 : Anna Pavlova dans le rôle de la *Mort du cygne* vers 1905, Collection privée / Bridgeman Images
Mise en page par Elodie Marty, correction de Judith Nouvion, IGS pour la photogravure.
Imprimé en France par Pollina - 85251.

PEFC 10-31-2065

Loi n° 49-956 du 16 juillet 1949 sur les publications destinées à la jeunesse.